AF338386

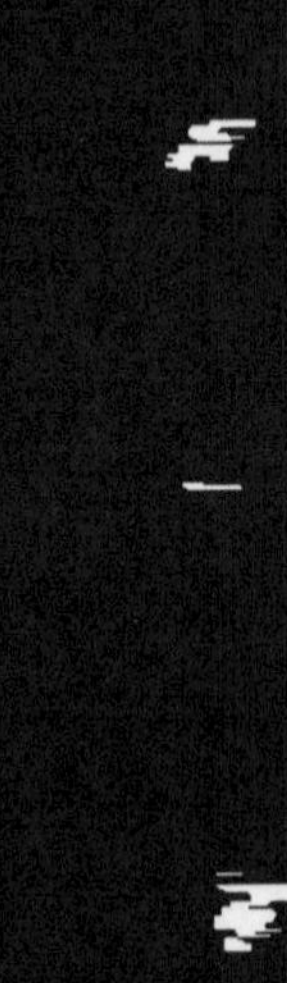

LA PRINCESSE

DE GUÉMENÉE

DANS LE BAIN

2

ACADÉMIE DES BIBLIOPHILES

Déclaration

« Chaque ouvrage appartient à son auteur-éditeur.
La Compagnie entend dégager sa responsabilité col-
lective des publications de ses membres. »
(Extrait de l'art. IV des STATUTS*).*

JUSTIFICATION DU TIRAGE

200 exemplaires papier vergé

N° 

———

Achevé d'imprimer

LE SIX JUILLET M DCCC LXVII

POUR L'ACADÉMIE DES BIBLIOPHILES

PAR ALCAN-LÉVY

l'un de ses imprimeurs, à Paris.

LA PRINCESSE

DE

GUÉMENÉE

DANS LE BAIN

ET LE

DUC DE CHOISEUL

Conversation rééditée

PAR

LOUIS LACOUR

Où vont-elles ?

PARIS

Académie des Bibliophiles

M DCCC LXVII

AU LECTEUR

Le récit que l'on va lire met en scène le duc de Choiseul, le plus gai de tous les ministres, & cette princesse de Rohan-Guémenée, si fameuse par son faste, par sa ruine & par ses intrigues de politique & d'amour. La conversation de ces deux personnages est un morceau achevé de fine raillerie, une de ces boutades emporte-pièce dans la pratique desquelles excellait le disgracié de Chanteloup. Jamais l'insolence d'un grand seigneur ne s'est étalée avec plus de délicatesse blessante. Chaque mot fait allusion, chaque réponse tombe comme un pavé sur la pauvre princesse réduite au silence.

Nous avions mis cette pièce en réserve dans un temps où nous nous occupions de la douce & poétique figure

que l'on nomme la duchesse de Lauzun.
Le duc de Choiseul s'est armé pour elle
en champion d'un autre âge. Quelle
plus agréable défense que celle de cette
aimable femme, & combien le paladin,
quelque vif qu'il soit, s'est couvert de
gloire ! Deux écrivains, Mély-Janin
& M. Barrière avaient relevé avant
nous ces pages dont l'authenticité sem-
ble incontestable. Elles ont leur place à
part dans l'histoire de la bonne plai-
santerie.

LL.

L'auteur de cette pièce y a joint la note sui-
vante : « Un an après cette conversation, la duchesse de Gramont me la conta ainsi qu'à
plusieurs personnes qui passaient la soirée chez
elle. Elle conte avec beaucoup d'agrément et
de feu : Je retins ce qu'elle m'avait dit et me
trouvant peu après à la campagne, je l'écrivis,
et je puis assurer que je n'y ai pas changé une
parole. »

LA PRINCESSE

DE GUEMENÉE

DANS LE BAIN

Questions

SUR CE QUI PEUT DÉSHONORER UNE FEMME

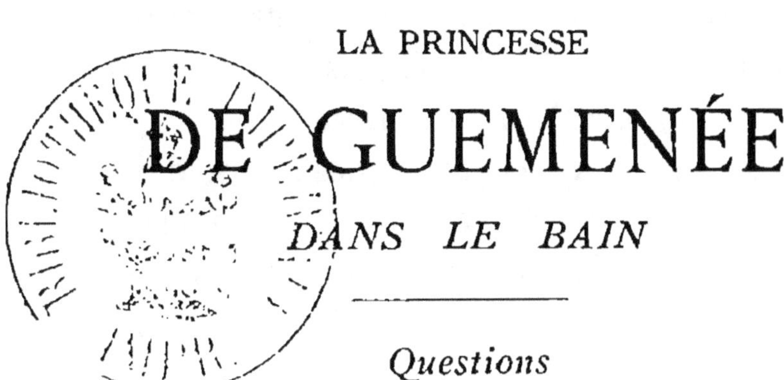

ONSIEUR de Choiseul étant à Versailles au mois de janvier 1778, pour la cérémonie de l'Ordre, demanda un rendez-vous à la princesse de Guémenée, qui d'abord parut en être charmée, mais qui, réfléchissant sans doute ensuite à l'objet de ce rendez-vous, chercha bientôt à l'éluder sous différents prétextes. M. de Choiseul termina bientôt les difficultés en lui disant qu'il viendrait le lendemain & l'attendrait jusqu'à ce qu'elle fût rentrée & visible.

Il n'était pas possible d'échapper à cette visite ; aussi Mme de Guéménée se trouvat-elle chez elle quand M. de Choiseul arriva ; elle était au bain. Après les premiers compliments, M. de Choiseul eut avec elle la conversation qu'on va lire :

« Je vais vous apprendre, madame, pourquoi j'ai désiré avec tant d'instances un moment de conversation ; vous savez les liens qui m'attachent à Mme de Lauzun (ici la princesse ne peut s'empêcher de rougir), & que ses malheurs ne font que resserrer. Il m'est revenu que vous aviez dit *que vous aviez en poche de quoi la déshonorer ;* cette idée m'afflige ! Plus le propos est affirmatif, plus il est accablant : serait-il possible que Mme de Lauzun eût trompé sa famille & le public ? C'est sur quoi je viens vous prier, madame, de vouloir bien nous éclairer. »

Mme de Guémenée n'était pas tentée d'interrompre ce début pour se ménager le moyen de réfléchir à ce qu'elle pourrait répondre ; elle garda un moment le silence ; mais comme il fallait bien finir par le rompre, elle chercha à éluder. « Je vois bien, dit-elle, que ceci est une nouvelle querelle au sujet du marché de M. de Lauzun avec M. de Guémenée. — Il ne s'agit point, madame, de ce marché, sur lequel, il est vrai qu'on a tenu quelques propos ; il s'agit de Mme de Lauzun, de ce que vous avez dit *que vous aviez en poche de quoi la déshonorer*. — Mais, monsieur, je ne suis pas obligée de vous répondre, & ce marché n'est pas mon affaire. — Encore un coup, madame, il n'est pas question de ce marché, mais de Mme de Lauzun : vous avez dit que vous aviez en poche..... — Il n'y a que M. Duchâtelet qui puisse vous avoir dit cela, monsieur. — S'il a pu me le dire, madame, vous le lui avez donc dit? Voilà déjà une chose convenue entre nous. Maintenant, voudriez-vous me dire pourquoi vous le lui avez dit, car il est impossible que vous lui ayez tenu un tel propos sans avoir une raison.— Quand cela serait, monsieur, serais-je obligée de vous la dire? Prétendez-vous me faire subir un interrogatoire? — Je prétends, madame, que vous donniez la preuve de ce que vous n'avez pas pu dire sans preuve. — Monsieur, me ferez-vous assigner en justice ? — Non, madame, mais je supplierai le roi de vou-

loir bien vous faire venir auprès de lui. Sa
Majesté est trop juste pour ne pas accorder
à une famille affligée, le seul moyen qu'elle
ait de connaître des torts dont vous avez
la preuve en poche. — Mais, monsieur...
mais... — Vous êtes embarrassée, madame,
permettez-moi de vous aider. Peut-être
n'avons-nous pas les mêmes idées sur ce
qui peut déshonorer une femme ? & le
moyen de s'entendre est de s'expliquer. —
Mais, monsieur, qu'est-ce que tout cela
veut dire ? — Un peu de patience, madame.
Tenez, voyons ce qui déshonore une
femme. Elle est déshonorée, par exemple,
je ne dis pas lorsqu'elle a un amant, n'est-
ce pas ? mais elle est déshonorée lorsqu'elle
en a plusieurs ensemble, ou tellement près
l'un de l'autre qu'on ne puisse pas croire
qu'elle ait pour aucun un véritable atta-
chement. Elle est déshonorée lorsqu'elle
les prend sans discrétion, quand elle les
affiche & les quitte sans ménagement,
quand elle ne mérite pas qu'ils restent ses
amis ou ses connaissances. Voilà, madame,
ce qui déshonore une femme, mais j'ai
bien de la peine à croire que ce soit là ce
que vous imputiez à Mme de Lauzun. Vous

ne croyez pas même qu'elle ait un amant. Si cependant vous aviez la preuve en poche..... »

Il est aisé de concevoir l'embarras de Mme de Guémenée qui se tourmentait & se retournait dans son bain sans savoir que répondre, ou ne répondait que des mots entrecoupés..... « Mais, mon Dieu..... je ne dis pas cela..... Pourquoi me faire dire ce que je ne dis pas?... — « Ce n'est donc pas cela, madame? reprit M. de Choiseul, je vous avoue que je n'en doutais pas; mais poursuivons. Une femme est encore déshonoré e lorsqu'elle joue un jeu excessif, lorsqu'elle passe les nuits au jeu, lorsque sa maison est une maison de jeu, lorsqu'après avoir perdu elle ne joue plus, car les lois du jeu sont, à la vérité, faites pour les hommes, mais quand les femmes partagent leurs travers, ces lois leur deviennent communes, & véritablement une femme se déshonore lorsqu'elle se met dans le cas & de les suivre & de les négliger. Serait-ce sur cela que Mme de Lauzun nous tromperait? On ne la voit jamais jouer qu'aux six livres, au whist, & je n'ai pas ouï dire que personne se plaignît de ce qu'elle ne payait pas. Si cependant vous aviez en poche la preuve du contraire... »

Ici, nouveaux mouvements, nouvelles exclamations. « Ce n'est donc pas cela, madame? Voyons autre chose, car il est impossible qu'à la fin je ne tombe pas sur ce dont vous avez la preuve en poche. Ce qui déshonore encore une femme, c'est de ne pas régler sa dépense sur ses revenus, de prendre à crédit chez des marchands : cela est assez commun, je le sais ; mais cela n'en est pas moins déshonorant, parce que cela est injuste & que cela entraîne (n'est-ce pas, madame?) de grandes conséquences pour les femmes. Je ne crois pas encore que ce soit là ce qu'on reproche à Mme de Lauzun. Sa grand'mère lui donne tout ce dont elle a besoin, &, d'ailleurs, je ne pense pas que vous ayez votre poche pleine des mémoires de ses marchands. — Mais, monsieur, aurez-vous bientôt fini cet interrogatoire ? — Encore un mot, madame. Je ne connais plus qu'une chose qui déshonore une femme, mais aussi qui la déshonore bien complètement : c'est de mentir, je ne dis pas pour conter une histoire qui amuse ou fait rire, cela est vilain, mais malheureusement cela n'est pas déshonorant ; mais mentir pour nuire aux autres, pour outrager la vertu malheureuse, pour imputer ses propres torts à ceux qui n'en ont pas, voilà, madame, ce qui répand sur une femme le déshonneur & l'infamie à ne s'en jamais relever. Mais Mme de Lauzun parle si peu ; elle est si honnête... Ce n'est pas encore cela que vous lui reprochez ? — Eh bien ! monsieur, puisqu'il faut vous répondre, Mme de Lauzun affecte de condamner M. de Lauzun. — Cela ne serait pas bien, mais cela serait-il déshonorant ? M. de Lauzun ne l'aurait-il pas un peu mérité ? mais d'ailleurs elle n'en parle jamais, & vous n'avez pas en poche de quoi la convaincre d'en avoir parlé. — Mais, monsieur, elle est allée demeurer chez Mme la maréchale de Luxembourg que M. de Lauzun ne peut souffrir. — Vouliez-vous, madame, qu'elle restât dans la rue ? qui paierait son logement, si sa grand'mère ne lui en donnait pas un ?

— Mais, monsieur, elle ne veut pas porter les diamans que M. de Lauzun lui a donnés.

— Ah ! sur cela, madame, je suis à portée de vous éclaircir. M. de Lauzun a donné des diamants à sa femme, mais il ne les a pas payés ; elle a reçu même une lettre du joaillier qui a menacé de faire une esclandre & de les arracher de dessus sa tête lorsqu'elle les porterait. — Je ne le savais pas, monsieur. — Vous n'avez donc *en poche* des preuves de rien qui y ait rapport ? Et moi je vais vous tout dire : Mme de Lauzun n'a pas même ces diamants chez elle ; elle les a mis en mains tierces. J'aurais été d'avis qu'elle les vendît, parce qu'ils sont à elle, parce que M. de Guémenée a dû satisfaire le joaillier comme les autres créanciers, & que, comme il ne lui a pas payé sa dot, elle en a besoin pour vivre. — M. de Guémenée la paiera exactement. — Je l'espère, madame : je ne suis pas venu pour entrer sur cela en discussion. Je ne suis pas même venu pour justifier Mme de Lauzun, qui est fort au-dessus de ce que la méchanceté peut inventer contre elle ; mais j'ai voulu vous faire sentir que l'honnêteté, la décence, l'intérêt même auraient dû vous rendre plus circonspecte ; qu'il ne faut pas tenir des propos dénués de toute vraisemblance sur des personnes irréprochables, & vis-à-vis d'une famille qui est en droit & qui a les moyens de les repousser ; enfin que, si on a la démangeaison de dire du mal, il vaut mieux le dire en présence des gens, même tête à tête..... — A présent, des leçons, monsieur? Il faut avouer que voilà une étrange visite! — Je sens, madame, qu'elle a pu vous ennuyer, & peut-être voulez-vous sortir de votre bain ? »

Là-dessus M. de Choiseul se leva : « Adieu, madame. — Adieu, monsieur. » Il sort, & la princesse reste encore quelques minutes dans son bain pour se remettre de son trouble & faire sans doute quelques réflexions qui, malheureusement, lui ont été inutiles.

ACADÉMIE DES BIBLIOPHILES

—

MEMBRES DU CONSEIL PENDANT L'ANNÉE
1867-1868

MM. Paul CHERON. — H. COCHERIS. — Jules COUSIN. — Pierre JANNET. — Louis LACOUR. — Lorédan LARCHEY — Anatole de MONTAIGLON. — Charles READ. — Le baron O. DE WATTEVILLE.

Collection de la Compagnie

1 *De la Bibliomanie*, par Bellioud-Mermet. In-16.
2 *Lettres à César*, par Salluste. In-32.
3 *La Seizième Joye de Mariage.* In-16.
4 *Le Testament politique du duc Charles de Lorraine*, publié par de Montaiglon. In-18.
5 *Les Baisers de Jean Second.* In-32.
6 *La Semonce des Coquus de Paris, en may 1535*, publiée par de Montaiglon. In-18.
7 *Les Noms des Curieux de Paris.* In-18.
8 *Les deux Testaments de Villon.* In-8° tellière.
9 *Les Chapeaux de Castor.* In-18.
10 *Le Congrès des Femmes*, par Erasme. In-32.
11 *La Fille ennemie du Mariage*, par Erasme. In-32.
12 *Traité de Saint-Bernard sur l'amour de Dieu*, nouvelle édition par P. Jannet. In-8° tellière.
13 *Œuvres de Regnier.* Ed. Louis Lacour. In-8°.
14 *Le Mariage*, par Erasme. In-32.
15 *Le Comte de Clermont, sa Cour & ses Maîtresses*, publication de Jules Cousin. In-18.
16 *La Sorbonne & les Gazetiers*, par J. Janin. In-32.
17 *L'Empirique*, publié par Louis Lacour. In-18.
18 *La princesse de Guémenée dans le bain & le duc de Choiseul*, publication de L. Lacour. In-18.

———

On peut se procurer gratuitement les Statuts à la Librairie de la Compagnie, rue de la Bourse, 10 Paris.